中国瓷器

◎ 主编 金开诚

◎ 编著 于 元

吉林文史出版社

吉林出版集团有限责任公司

图书在版编目（CIP）数据

中国瓷器 / 于元著 . 一长春：吉林文史出版社，
2011.11（2022.1 重印）
（中国文化知识读本）
ISBN 978-7-5472-0843-4

Ⅰ.①中… Ⅱ.①于… Ⅲ.①瓷器（考古）-介绍-
中国 Ⅳ.① K876.34

中国版本图书馆 CIP 数据核字（2011）第 201862 号

中国瓷器

ZHONGGUO CIQI

主编/金开诚 编著/于 元

项目负责/崔博华 责任编辑/崔博华 梁丹丹

责任校对/梁丹丹 装帧设计/李岩冰 董晓丽

出版发行/吉林文史出版社 吉林出版集团有限责任公司

地址/长春市人民大街4646号 邮编/130021

电话/0431-86037503 传真/0431-86037589

印刷/三河市金兆印刷装订有限公司

版次/2011 年 11 月第 1 版 2022 年 1 月第 4 次印刷

开本/650mm×960mm 1/16

印张/9 字数/30千

书号/ISBN 978-7-5472-0843-4

定价/34.80元

前　言

　　文化是一种社会现象，是人类物质文明和精神文明有机融合的产物；同时又是一种历史现象，是社会的历史沉积。当今世界，随着经济全球化进程的加快，人们也越来越重视本民族的文化。我们只有加强对本民族文化的继承和创新，才能更好地弘扬民族精神，增强民族凝聚力。历史经验告诉我们，任何一个民族要想屹立于世界民族之林，必须具有自尊、自信、自强的民族意识。文化是维系一个民族生存和发展的强大动力。一个民族的存在依赖文化，文化的解体就是一个民族的消亡。

　　随着我国综合国力的日益强大，广大民众对重塑民族自尊心和自豪感的愿望日益迫切。作为民族大家庭中的一员，将源远流长、博大精深的中国文化继承并传播给广大群众，特别是青年一代，是我们出版人义不容辞的责任。

　　本套丛书是由吉林文史出版社组织国内知名专家学者编写的一套旨在传播中华五千年优秀传统文化，提高全民文化修养的大型知识读本。该书在深入挖掘和整理中华优秀传统文化成果的同时，结合社会发展，注入了时代精神。书中优美生动的文字、简明通俗的语言、图文并茂的形式，把中国文化中的物态文化、制度文化、行为文化、精神文化等知识要点全面展示给读者。点点滴滴的文化知识仿佛颗颗繁星，组成了灿烂辉煌的中国文化的天穹。

　　希望本书能为弘扬中华五千年优秀传统文化、增强各民族团结、构建社会主义和谐社会尽一份绵薄之力，也坚信我们的中华民族一定能够早日实现伟大复兴！

目录

一、说瓷

瓷器的瓷原指瓷石，因为瓷器是瓷石制成的器物，所以称为瓷器。

瓷石是制瓷原料，它是由花岗岩长期受热液作用和风化作用所形成的，主要成分是石英和绢云母。瓷石呈致密块状，外观为白色，无光泽，也无明显纹理。由于它是石头，必须先用水碓粉碎，然后才能加水调和，制成各种人们所需要的形状。

瓷石粉碎后也称瓷土，是制作瓷器的

最主要的原料，除石英、绢云母外，还含长石、三氧化二铝等硅酸盐岩矿物。

瓷石是天然的制瓷原料，在1200℃—1250℃的温度下可以单独烧成瓷器。

后来，人们在景德镇发现了高岭土，将其掺入瓷土中，提高了铝的含量，使瓷胎可以耐受1280℃—1300℃的高温，从而加强了瓷胎的坚固性。将高岭土掺入瓷土中，是烧制大型瓷器的必要条件。

高岭土因最早发现于江西省浮梁县高岭村而得名，质纯的高岭土白度高，质

软，易分散悬浮于水中，有可塑性、黏结性、电绝缘性、抗酸溶性、耐火性等物理性质和化学性质。

高岭土是由云母和长石变质后，钠、钾、钙、铁流失，再加上水所形成的。这种作用称"高岭土化"。

纯粹的高岭土没有黏土那样强的黏度。纯粹的高岭土存量不多，熔点约在1780℃左右。

一般高岭土熔点略有降低，因其含有不纯物质，如未变质的长石、石英、铁矿及其他岩石碎片。一般的高岭土放在显微镜下观察，大部分带有白色丝绢状的光泽，银光闪闪，是非常小的结晶。

只用瓷石烧制瓷器称"一元配方"，用瓷石和高岭土烧制瓷器称"二元配方"。

安徽繁昌县的繁昌窑早在五代时期就已经使用二元配方烧制瓷器了。在二元配方中，瓷石占70%—90%，高岭土占10%—30%。这种配方至今仍在使用。

高岭土与水结合形成的泥料在外力作用下能够随意变形，解除外力后，其形状仍能保持不变，这就是可塑性。可塑性是高岭土在瓷器成型工艺中的贡献。

目前，我国高岭土矿点有七百多处，较为分散。其中煤系高岭土主要分布在我国北方，在东北、西北以煤层中夹矸或单独矿层形式存在。我国是产煤大国，大

型煤矿都伴生有煤系高岭土,储量十分丰富,但品位不高。大多数煤系高岭土需经煅烧,改变其天然的局限性。高岭土选矿主要包括除砂、除铁、除硫等项目。

煤系高岭土属于煤的伴生矿,难以大规模开采。

我国非煤系高岭土与煤系高岭土储量相当,绝大多数为管状高岭土,黏度大。

我们的祖先十分聪明,硬是用瓷土混入这些黏度很大的高岭土制出了精美的瓷器,他们运用的是下列工艺:

1. 练泥:从矿区采来瓷石,经水碓舂碎舂细,经过淘洗除去杂质,沉淀后制成砖状泥块,然后再用水调和砖状泥块,去掉渣子,用手揉或用脚踏,把泥块中的空气挤出,并使泥块中的水分分布均匀。

2. 拉坯 :将泥团摔在辘轳车的转盘中心,用手将其拉成坯体的大致模样。

3. 印坯 :印模的外型是按未来瓷器

的内型旋制的，将晾至半干的坯体扣在模上，均匀地拍按坯体外壁，使其内壁与未来瓷器的内部形状相同，然后脱模。

4. 利坯：将坯体扣在辘轳车的利桶上，转动车盘，用刀旋削坯体外壁，使坯体外壁与未来瓷器的外部相同，厚度要适当，表面要光洁。

5. 晒坯：将加工成型的坯体放在木架上晾晒。

6. 刻花：用竹、骨或铁制的刀具在已干或半干的坯体上刻画出花纹。

7. 施釉：普通圆口瓷器采用蘸釉法或荡釉法：前者是将坯体浸入釉盆里，当口沿与釉面平齐时立即提出；后者是将釉浆注入坯体腔内晃动，使上下左右均匀着釉，然后迅速倒掉多余的釉浆。

琢器或大型圆器用吹釉法，其法是将竹筒蒙上细纱，蘸釉后用嘴吹喷，如此反复多次，坯面会淋上厚度均匀的釉层。

圆器指通过拉坯方法成型的圆形器皿，如碗、盘、碟等，而成型工艺较为复杂的器皿，如瓶、尊、壶、罐则称琢器。

8. 烧窑：将做好的瓷胎放入瓷窑中烧制成瓷器，时间约一昼夜，温度在1300℃左右。烧窑前要先砌好窑门，再点火烧窑。烧窑的燃料要用松柴，点火后要由技术指导随时测看火候，掌握窑温变化，并决定停火时间。

在高温下，瓷泥又变成坚硬的石状物，但它与天然瓷石已经不可同日而语。这些坚硬的石状物里面已经融入人类的智慧和匠心。

二、中国瓷器种类

中国瓷器种类繁多，可分为匜、洗、尊、碗、盏、杯、盘、壶、罐、盆、瓶、炉、盒、枕、碟等。

（一）匜

匜是古代盥洗用具，造型多为圆形，口前有较宽的出水部分，称为"流"。有的匜有平底，有的匜有圈足。匜多为青铜器，瓷匜最早见于汉代，其后历代多有烧制者。元代景德镇烧制的蓝釉描金匜、蓝釉白花匜、釉里红雁纹匜均为稀世之宝。

（二）尊

尊分为两种：一种用于盛酒；一种用作陈设用器，即摆件。尊的造型为敞口，粗颈，深腹，圆底，圈足。商代有原始青瓷尊；北朝有青釉仰覆莲花尊，形体高大精美，纹饰富丽；宋代以后瓷尊盛行，如汝窑三足尊、出戟尊等；清代景德镇窑生产的瓷尊品种极其丰富，有太白尊、观音

尊、马蹄尊、牛头尊、鱼篓尊、苹果尊、石榴尊、络子尊、萝卜尊等。

（三）洗

瓷洗分为两种：一种是生活用洗，一种是文房用洗。生活用瓷洗相当于现代的洗脸盆，最早见于西晋，敞口，宽折沿，阔腹直壁，平底，沿和心多刻水波纹。文房用瓷洗可涮笔和贮存磨墨用水，宋代以后各朝均有烧制，如仿古铜器式样的青釉双鱼洗、鼓钉洗、单柄洗、圆洗、莲花洗、桃式洗、葵瓣洗、叶式洗等。

（四）碗

瓷碗一般多为敞口，深腹，平底或圈足，但造型往往多种多样，如六朝的青釉莲瓣纹碗、唐代的越窑海棠式碗和邢窑的釉花口碗，以后又出现了折腰碗、斗笠碗、卧足碗、敦式碗、盖碗等。六朝指西晋、东晋、（刘）宋、（萧）齐、（萧）梁、（陈）陈。

瓷碗还有下列品种：

1.盏

盏是碗的一种特殊样式，为饮茶器。敞口，斜身，深腹，圈足，体形略小。宋代有黑、白、酱、青、白和青白等釉茶盏，以黑釉为贵，而兔毫盏、玳瑁盏尤为上品。

2.注碗

注碗是温酒器，与注子（酒壶）配套使用。注碗壁直而深，有的通体呈莲花状。温酒时碗内先放热水，再将盛酒的注子置于碗中。宋代南北瓷窑均烧造注碗，而尤以南方为多。

3.宫碗

宫碗的口沿向外撇，腹部又宽又深，圆圆的，造型端正，多为皇宫用器。明正德（明武宗朱厚照年号，1506—1521年）年间烧制的宫碗最为有名，人称"正德碗"。

4.茶船

茶船是放茶盏的大碗，因形状似船，故名"茶船"。明清时景德镇窑曾烧制一些仿官釉茶船、青花茶船和粉彩茶船。

（五）盘

盘分为两种：盛水果的盘和盛菜肴的盘。盘的尺寸大小不一，形状多种多样，有敞口、撇口、敛口、洗口、卷沿、板沿、折腰式、葵瓣式、荷叶式、方形转角式和花形攒盘式等。六朝曾出现刻有莲花纹饰的盘子，以后又出现了白、黄、红、绛、绿、紫等单色釉的盘子，也有在单色釉上饰以印花、刻花和划花纹饰的。明清两朝,景德镇窑又烧制了斗彩、五彩、粉彩、红绿彩、矾红彩的盘子。高足盘的一般造型是洗口,盘心平坦,盘下面有喇叭形高足。最早的高足盘是隋代的青釉高足盘,多在盘心印图案或花纹。明清两朝,景德镇窑大多烧制青花盘和釉上彩高足盘。攒盘是盛放干鲜果品的,由一定数量、各种式样的小盘拼成一个多格的大盘,流行于清代康熙年间,以素三彩和五彩攒盘为多,有圆形攒盘、六方形攒盘、八方形攒盘、叶形攒盘、牡丹形攒盘、梅花形攒盘、莲花形攒盘、葵花形攒盘、菱花形攒盘等。

(六)杯

杯分为多种:

1. 羽觞

羽觞是古代饮酒器,椭圆形,浅腹,平

底，腹两侧置半月形双耳，也称耳杯，有的有饼形足或高足。东汉时有绿釉羽觞；两晋时有青瓷羽觞；南北朝时羽觞数量减少，形状如两端微尖略上翘的船形；明末清初时期羽觞十分流行，多为青花瓷器。

2.高足杯

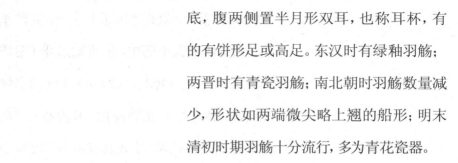

高足杯是饮酒器，杯身小，下面有高足，故名"高足杯"。明代景德镇窑曾烧制青花高足杯、斗彩高足杯、宣德（明宣宗朱瞻基年号，1426—1435年）青花海水红龙纹高足杯、成化（明宪宗朱见深年号，1465—1487年）斗彩缠枝莲纹杯和葡萄纹高足杯，而清代以青花高足杯居多。

3.压手杯

压手杯是明朝出现的一种式样，杯口平而外撇，腹壁近于竖直，下腹壁内收，圈足。握在手里时，微微外撇的口沿正好压在手上,故称"压手杯"。分量轻重适度,体积大小适中,是明朝永乐(明成祖朱棣年号,1403—1424年)年间的名贵酒器。杯身绘青花缠枝莲,杯内心有"永乐年制"篆字款,款式有花心杯、鸳鸯心杯、双狮戏球杯三种。

4.高士杯

高士杯是明成化斗彩杯之一,是饮酒器,杯沿微撇,直口,口以下渐收,浅圈足,造型小巧而丰满。杯身多绘文人行乐图,如王羲之爱鹅图、陶渊明爱菊图等。

5.三秋杯

三秋杯是明成化斗彩杯的一种,敞口,浅斜式腹壁,圈足,杯身以秋菊、蝴蝶、野草组成画面,故称三秋杯。色彩以青花色勾勒菊花、飞蝶和野草的轮廓,以鹅黄色、紫红色和姹紫色点染花蕊和飞蝶。杯形秀丽轻巧,画面素洁高雅,为明朝瓷器中的珍品。

6.爵杯

爵杯是酒器，仿青铜器造型，口沿外撇，圆腹略深，前尖后翘，下有三高足，口沿两侧有对称的立柱，一旁有鋬。明清两朝均曾烧造，有青花爵杯、白釉爵杯、蓝釉爵杯和粉彩爵杯等。

（七）瓶

瓶分为两种：一是盛酒器，二是陈设器。唐代越窑青釉瓶和邢窑白釉瓶工艺精湛，釉色纯正。宋代南北各地瓷窑大量烧制青、白、黑、青白、白地黑花、白地褐花、三彩和黑地铁锈花等瓷瓶，造型有玉壶春瓶、梅瓶、双鱼瓶、蟠龙瓶、瓜棱瓶、葫芦瓶、橄榄瓶、筋瓶、净瓶、卷口瓶、盘口瓶、直径瓶、穿带瓶、弦纹瓶、胆式瓶、多管瓶、贯耳瓶等。元代烧制的八方瓶、四系扁瓶极具特色，明代的天球瓶、宝月瓶、葫芦扁瓶、象耳折方瓶、鹅颈瓶、蒜头瓶大放异彩，清代的棒槌瓶、柳叶瓶、凤尾瓶、象腿瓶、灯笼瓶、双陆瓶、转心瓶、转颈瓶独出心裁，各领风骚。

（八）盒

盒是一种盛器，盛食物、药品、化妆品、印泥和用具等，由盖、身、底组合而成，盖与身有子母口，也有造型如抽屉的。按用途分，有食品盒、香盒、粉盒、药盒、镜盒、油盒、黛盒、印泥盒、文具盒、棋盒等。造型有圆形、长方形、八角形、瓜形、石榴式、桃式、双鸟式、方胜式、

银锭式、朵花式、镂空式、委角式、菊瓣式、筒式等，也有在大盒内套小盒的子母盒和多节套装的套盒。我国唐代以后各地广为烧制，尤以宋代景德镇窑烧制的青白釉盒产量最大，盒底多印有作坊标记。

（九）罐

罐按功用可分为盛放东西的容器和烹煮食物的炊具两种；按容量可分为大罐和小罐两种，如米罐和蟋蟀罐。罐的造型大多是口径大，腹宽而深，胫部内收，大底足。明清时期景德镇烧制了多种式样的瓷罐，如瓜棱罐、冰梅罐、月牙罐、折方罐、鸡心罐、天字罐、撞罐、蟋蟀罐、鼓式罐等，有青釉罐、白釉罐、青花罐、五彩罐、粉彩罐、斗彩罐等，纹饰既精致又华美。

（十）壶

壶分为两种：一是无流无柄壶，二是有流有柄壶。汉魏六朝时期，瓷壶开始流行，早期壶由口、颈、腹、足构成，有的加双耳，无流无柄。六朝后在壶的腹部加流和曲柄，如西晋的鸡首流、羊首流，唐代的短颈管状流、八方流，宋代细长而弯曲的流。柄的造型有龙柄、凤柄、管形曲柄、曲带式柄等。西晋的扁壶、鸡头壶、唾壶，唐代的凤头壶、皮囊壶，辽代的鸡冠壶、马镫壶等均为壶中精品。

（十一）炉

焚香用具，分生活燃香用具和佛前供器两种。造型多种多样，有鱼耳炉、鼓钉炉、乳钉炉、莲瓣炉等，以明宣德青花海水纹双耳三足炉为上品。

（十二）灯

灯是古代照明用具，分油碗灯和蜡烛灯两种：

1.油碗灯

油碗灯造型特点是上为油碗，中间承以支柱，下有底盘，盘下有足。灯柱样式较多，有筒形、螺旋形、兽形等。

2.蜡烛灯

蜡烛灯始于明清时期，景德镇烧制的青花蜡烛灯和彩绘高足蜡烛灯一般上有金属扦，用以插蜡烛，洗式小扦盘下接长柄，中间承以洗式托盘，下面再接高圈足。

（十三）枕

枕分为三种：生活用枕、医用脉枕、殉葬用尸枕。

唐枕形体较小，以长方形为多。宋

枕因南北窑广为烧制，品种渐多，产量大增，造型丰富多彩，有长方枕、八方枕、腰圆枕、椭圆枕、云头枕、花瓣枕、银锭枕、鸡心枕等，还有制成婴孩、仕女、伏虎、双狮等形状的。宋枕以磁州窑所产数量为多，彩绘生动，充满生活情趣。元代瓷枕的枕身增加了长度，有长达40厘米以上者，非常大气。瓷枕枕底一般有作坊标记，为我国古瓷科研提供了宝贵的资料。

（十四）碟

碟也称小碟、浅碟。芒口，浅腹，矮圈足，底平面微内凹，外底心稍突出，略呈乳头状。有的涂釉，有的没有上釉。器物的外腹壁印有草叶纹、莲瓣纹或凤鸟纹。

三、中国瓷器史

（一）原始青瓷

中国直到东汉时期才烧制出成熟的瓷器，这是我们祖先为世界文明史作出的重要贡献。

在我国原始社会新石器时代末期，我们祖先就烧制出胎质灰白、器表无釉、火候较低的器皿了。这就是灰陶。

到夏代时，随着社会的发展和工艺水平的提高，我们的祖先又在瓷土中掺入

一定量的长石、石英等成分，从而烧制出一种胎质呈白色、质地比较坚硬的器皿。这已不同于陶器，而接近于原始青瓷了。由于器表无釉，人们称之为"原始素烧瓷"。

在商周时代，我们祖先造出了一种青釉器。这种青釉器胎色灰白，结构坚密，火候高，硬度大，叩击时能发出铿锵的金属声。这种青釉器的表面涂了一层青色或黄绿色的玻璃质高温釉，与一般陶器极不相同，其胎质、釉料、烧成温度、吸水性能及物理性能等各项数据都说明它已具备了瓷器的标准条件。如"商原始青瓷尊"，河南省郑州二里岗出土，现藏于中国历史博物馆。此尊高2.5厘米，口径18.3厘米，大口，宽沿外卷，方唇，颈内收，折肩，深腹，圆底微内凹，肩与腹部拍印小方格纹，胎质青灰，器表涂一层发亮的釉。此尊造型规整，火候高，轻击时可发出金石声，是商代原始瓷器中的精品。

又如"西周原始青瓷盘"，江苏省金坛县出土，现藏于镇江市博物馆，高4.5厘米，口径14厘米，底径6.3厘米，敞口，浅腹，壁略鼓，平底，盘内壁饰弦纹，盘外素面，器表涂青黄釉，釉又薄又亮，表现出

西周原始瓷器的造型与施釉工艺的较高水平。

这一部分瓷器用高岭土做胎，一方面提高了烧成温度，使胎质坚不渗水；另一方面也使胎子的颜色由深变浅，提高了洁白程度。器表涂一层用草木灰和瓷石配合而成的高温釉，经过1200℃以上的高温烧制而成，胎釉结合在一起，使器物具备了瓷器的条件。

原始青瓷所涂的釉是用石灰石加黏土配成的，在氧化气氛中烧成。因为含铁元素，所以呈青绿、黄绿、灰绿、褐绿等色。

这种青釉器就是我国最早的青瓷。这种青瓷的胎料可塑性较小，造型比较单调，胎料中杂质尚多，胎体颇多裂纹，釉色也不稳定，与后期成熟的瓷器比较带有明显的原始性，因此人们称之为"原始青瓷"。

这时，制陶工具改善了，工艺水平提高了，人们对制陶原料有了进一步的了解，因此才能烧出初步达到瓷器标准，但在某些方面尚不够完善的原始青瓷。

商周时期是我国从陶器过渡到瓷器的渐进阶段，也是原始青瓷的发生发展阶段。

当时，青釉器制作工艺水平低下，胎中还是有一定量的铁成分，在略低的温度中烧结，颜色较深，透光性较差，还具有一定的原始性。

（二）东汉青瓷

东汉晚期，我国终于出现了青瓷。

浙江一带蕴藏着丰富的瓷土矿，距地表不深，易于开采，风化程度低的含有部分长石，风化程度高的则含有较

多的高岭土。用
这种瓷土作为主
要原料制成的瓷
胎含铁量较高，适于烧
制瓷器。高价铁在烧
制时被还原为低价
铁，低价铁的助熔作用很
强，有助于瓷胎在较低温度下烧成瓷器。

这时，陶车上出现了瓷质轴顶碗，一经外力推动，即可使轮盘做快速而持续的旋转。

设备改进了，瓷器的质量和产量都提高了。这时的青瓷质地细密，透光性好，吸水率低，用1260℃—1310℃高温烧成，胎和釉结合得相当牢固。青瓷表面涂釉，釉层透明，晶莹润泽，清澈淡雅，秀丽美观。

接着，黑釉瓷器也出现了。这种新产品是在青瓷的基础上发展起来的，惹人喜爱。

青瓷的呈色剂是铁元素，经高温烧制后，呈青绿色或青黄色，因此称为青瓷。如果在工艺技术上设法排除铁的呈色干扰，就成为白瓷了；反之，如果加重铁釉着色，便成为漆黑闪亮的黑瓷了。

东汉青瓷在造型和装饰上与原始青瓷很相似，但在胎釉的化学组成以及烧成温度等方面则有本质上的区别。

东汉青瓷胎质致密坚硬，胎色多为灰白或淡青灰色，瓷化程度较高，敲击时发出的声音十分清脆。釉层均匀，胎釉结合紧密，釉面匀净，如"东汉人形灯"，高47.8厘米，灯碗呈浅盘形，灯座塑成一个巨人形象，双眼和鼻子刻画得栩栩如生，口部刻成方孔，胸前抱着一只硕大的老鼠，十分有趣。巨人的双肩、双手和双腿均趴着许多老鼠。灯背面在釉下刻着"吉祥"二字。又如"五联罐"，主体是一个侈口直颈大罐，颈部较长，在肩部四周黏结四个同样的小罐，器形特殊，显示了高超

的工艺水平。这些瓷器均为当时青瓷的精品，是东汉瓷器的代表作。

（三）　三国两晋南北朝瓷器

三国两晋南北朝是中国历史上战乱频仍的大动荡时期，南北制瓷业的发展极不平衡。南方瓷器精品仍时有出现，如"三国青瓷薰炉"，1991年8月于湖北省鄂钢饮料厂一号墓出土，现藏于湖北省鄂州市博物馆。此炉高25厘米，腹径44厘米，口径28厘米，底径29厘米。此器分为两部分，上为薰，状如碗；下为炉，状如篚。薰和炉可分开使用，也可相叠同时使用，为青瓷器中少见之名器。

在相对比较安定的南方，以浙江越窑为中心，继承并发展了东汉青瓷的成就，被称为"六朝青瓷"。

东起沿海的江、浙、闽、赣，西到长江中上游的两湖、四川，都烧出了具有

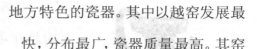

地方特色的瓷器。其中以越窑发展最快，分布最广，瓷器质量最高。其窑场分布在浙北、浙中和浙南地区，分别是唐代德清窑、越窑、瓯窑和婺窑的前身。如"西晋越窑青釉双系鸡头水盂"，高5.8厘米，直径10.8厘米，造型可爱，像一只小鸡卧在地上，为西晋典型瓷器。又如"东晋青瓷虎形烛台"，1958年于浙江省永嘉县礁下山永和十年墓出土，现藏于浙江省温州市博物馆。此器高30.1厘米，长12厘米，口径3.7厘米，呈虎形，四肢伏地，昂首瞪眼，双耳竖立，微露虎牙，尾巴上翘，呈猛虎守卫烛台之态。虎背上耸立一支烛管，竹节形，又高又稳，造型新颖，别开生面。

从西晋末年开始的一百多年间，北方一带兵连祸结，经济凋敝，手工业衰落，瓷器生产委靡不振。

北魏太武帝统一中国北部后，确立了南北分立的局面。北魏孝文帝实行均田制，农业得以恢复发展，手工业也复兴了。这时，河北、河南一带成了北朝青瓷的中心产区，瓷器又获得了新生。

北齐时期，白瓷出现了。早期的白瓷胎料细而白，但未上护胎釉。后来，上了护胎釉，釉色乳白，釉层薄而滋润，如"北齐白釉莲瓣纹罐"，高19厘米，口径7.5厘米，腹部呈圆鼓形，下有圈足，口颈适中，肩有四系，提时既平稳又方便。

白瓷的出现为制瓷业开辟了一条广阔的道路，有了白瓷才有影青、青花、釉里红，才有斗彩、五彩、粉彩等琳琅满目、色彩缤纷的彩瓷。白瓷的发明是中国瓷器史上的一个里程碑。

黑瓷产地源于南方，东晋之后北方也开始了黑瓷的烧制。黑瓷釉色漆黑光亮，瓷胎坚硬，又细又薄，制作规整。

青瓷、白瓷、黑瓷的出现标志着北方

制瓷手工业的蓬勃发展，从而为唐宋北方
名窑的普遍出现奠定了基础。

北方青瓷胎体厚重，与六朝青瓷相比
显得形体硕大，装饰方法较多，有模印、
堆贴、雕镂、刻画等，纹饰中受佛教影响
的纹样如莲花纹、忍冬纹等较为多见。

（四）隋唐五代瓷器

隋文帝统一中国后，促进了经济、文
化的发展，开始了一个新的历史时期，
瓷业在黄河南北发展起来，
成为唐、宋瓷业大发展的基础。
隋瓷出现了大量精品，如"隋安
阳窑青瓷弦纹四系罐"，现藏于
陕西历史博物馆，高18.7厘米，
口径10.4厘米，底径9.9厘米，
圆口微侈，鼓腹，平底。肩有四
系，肩、腹有两组带状纹。青釉涂
至腹下，底足无釉，釉面略呈黄色，整

体造型古朴庄重。

青瓷虽然是隋代瓷器的主流,但白瓷与北朝相比也有了较大的进步。这时的白瓷胎质更白了,釉面光润,胎釉无泛青、闪黄的现象。

隋代瓷器在瓷胎上采用白色化妆土,上釉之前精选含铁成分少的白瓷土细密地挂在坯上,避免了瓷器烧成后胎体表面粗糙、坯面出现孔隙和胎体颜色不美等弊病,增强了釉色透明莹润的质感。白瓷釉色透明度的提高和呈色的稳定是隋代制瓷技术的重要成就之一。

唐代青瓷在隋朝基础上又有了进一

步的发展，以越窑和长沙窑最为著名。唐代早期越窑瓷器胎子呈淡灰色，紧密坚实，釉薄而匀，温润似玉，青绿色，有的略闪黄色。

瓷器的使用在唐代更为普遍，餐具、茶具、酒具、文具、玩具、乐器无所不备，如唐"白釉褐斑瓷羊"，1975年于江苏省扬州市西门外扫垢山唐城遗址出土，现藏于南京博物院，高3.2厘米，跪卧在板座上，双眼圆睁，平视前方，双角直立，嘴角微张，短尾下垂。瓷羊通体涂白釉，釉质光亮透明，额头涂褐彩斑点，神态自然，形象逼真，讨人喜欢，是一件不可多见的

玩赏珍品。

唐代烧造的白瓷胎釉白净如雪，标志着白瓷的真正成熟，北方邢窑白瓷风靡一时。

北方邢窑白瓷与南方越窑青瓷分别代表了北方瓷业与南方瓷业的最高成就，因此人们常用"南青北白"来概括唐代制瓷业的特点。

北方瓷窑也兼烧青瓷、黄瓷、黑瓷、

花瓷。唐人烧出了高质量的邢窑白瓷与越窑青瓷，为宋代名窑的出现准备了工艺条件。

唐朝灭亡后，五代的瓷器造型沿袭了唐代的风格，如"五代白瓷划牡丹纹枕"，1956年于江苏省新海连市出土，现藏于中国历史博物馆，高10.4厘米，长17.8厘米，宽12.5厘米，长方形，六面体，中间下凹，两端微翘。长方形弧面中央划一朵盛开的牡丹花，四周为平行双线边框，四壁略呈梯形，各有一长方形凹框，四周有突棱一道，平底。枕的表面涂白釉，釉色光

亮纯净。枕胎洁白细腻，较硬。五代白瓷以光素居多，有少量的刻花装饰，但不流行。此枕精巧秀美，花纹舒朗简洁，代表了五代时期白瓷制作的最高成就。

五代时期，白瓷生产仍以北方地区为主，唐代的瓷窑大多仍在烧造。但是，在全国分裂割据的形势下，制瓷业的进步与发展受到了限制。

（五） 宋代瓷器

宋代是我国瓷业发展史上的一个繁荣时期，宋代瓷窑遍布全国各地。宋代瓷业的繁荣是宋代社会、经济、文化繁荣的

反映。

瓷器在东汉出现后，很快在长江下游一带传播开来，并逐渐传到长江中游、上游地区和福建、广东一带。约在6世纪初叶的北朝时期，中原地区也出现了瓷器。从此，我国的制瓷业便形成了南北两大瓷系。

宋代是我国陶瓷发展史上的第一个黄金时代，宋代著名窑系除了为数众多的民窑外，宫廷还建立了汝窑、钧窑、哥窑等官窑，生产了大量精美的瓷器，如"北宋汝窑青瓷无纹水仙盆"，现藏于台北故宫博物院，高6.9厘米，横23厘米，纵16.4厘米，口径 23 厘米，足径 19.3×12.9 厘米，重670 克。此盆椭圆形，侈口，深壁，平底，窄边棱，下有四个云头形足。盆壁胎薄，底足略厚。通体满布天青釉，极匀润；底边釉积处略含淡碧色；口缘与棱角釉薄处呈浅粉色。整器釉面纯洁如玉，毫无纹片，温润素雅，给人以雨过天青的美感，传世极少，弥足珍贵。

南方瓷系产品造型比较秀气，胎质颗粒较细，有的略呈红色或黄色；气孔细，孔隙度小，胎中黑点少。

南瓷三氧化二铁的含量一般在2%左右，高于北方；二氧化钛和三氧化二铝的含量都较低，而二氧化硅的含量则较北方高。南瓷釉层青绿发翠，有的略带暗黄色。瓷器烧成温度较低，一般为1200℃左右。

北方瓷系产品造型新颖，粗犷雄伟；胎体比较厚重，颗粒结构粗糙，胎内有黑点和气孔，孔隙度大。

北瓷三氧化二铝含量较高，一般都在26%以上，最高的达32%；二氧化钛含量超过1%，二氧化硅的含量

普遍都低于南方。北瓷胎色较南方偏深，釉层较薄，玻璃质感强，颜色灰中泛黄。瓷器烧成温度较高，在1200℃的烧造温度下还是生烧。

宋代瓷窑体系根据各窑产品的工艺、釉色、造型与装饰等特色形成了六个体系：北方地区的定窑系、耀州窑系、钧窑系、磁州窑系；南方地区的龙泉青瓷系、景德镇的青白瓷系。

与宋朝并立的三个少数民族政权即契丹人建立的辽、党项羌人建立的西夏和女真人建立的金，也都有各自的制瓷业。这些地区所生产的瓷器除具有本民

族特色外，还明显受到了唐、宋北方诸窑的影响。

契丹人在立国以前，主要以游牧、渔猎为业，制瓷业尚无基础。辽的手工业主要是由战争中俘获的汉人和渤海人发展起来的，制瓷业也不例外，辽的制瓷业成就主要是华北地区汉族烧瓷工人的贡献。辽瓷富有游牧民族的特色，如皮囊壶形如鸡冠，又称鸡冠壶。辽瓷除某些器物造型特殊外，烧瓷工艺大体与华北白瓷系统相同，如"辽白釉猪头形瓷埙"，出土于内蒙古自治区赤峰县，现藏于辽宁省博物馆，高6.2厘米，猪头形，整体呈圆球状，双耳略为突起，喙不突出，唇稍翘起，有鼻有眼，憨态可掬，颇为可爱。此埙胎质稍粗，手制而成，上有三孔，即吹孔和按孔。表面涂白釉，釉色较灰。瓷埙为乐器，也是一种带有玩具性质的口笛。这种瓷埙在辽的一些窑场都有生产，十分流行。

西夏的制瓷业有本民族的特色，如

"白釉褐花天鹅纹瓮"，高58厘米，口径17厘米，底径17厘米，侈口，卷唇，鼓腹，肩部有6个系。瓮肩一圈绘7朵卷瓣莲花；瓮的腹部周围绘11只天鹅，向一个方向展翅高飞，上下排列或双或单，姿势优美，构图新颖。寥寥数笔，勾勒出天鹅逼真而生动的神态，浪漫自然，显示出群鹅冲向青天的磅礴气势。天鹅被党项族称为天神之鸟，西夏人崇尚白色，白天鹅象征圣洁。此图寓向往美好幸福之意，胎釉俱佳，图案更美，堪称西夏瓷器中的极品。

金代瓷器在我国制瓷史上是一个不

可缺少的组成部分。金代瓷器大致可分为前后两个时期：海陵王完颜亮迁都燕京以前为前期，迁都以后为后期。金代前期瓷器釉色单调，造型朴拙，缺少装饰，加工粗糙，胎骨厚，颜色杂，釉面不匀，缺乏润泽感。金世宗完颜雍即位后，号称"小尧舜"，金朝经济在他的引领下迅速地发展起来，从而刺激了制瓷业的发展，北方的定窑烧制出好多精美的瓷器，如"金定窑赭釉鱼藻纹瓷匜"，1975年于吉林省前郭县塔虎城出土，现藏于吉林省博物馆，高6厘米，口径17厘米，呈直壁圆钵形，胎较薄，一侧口边有平槽短流，矮圈足。此器内外为两种釉色，外赭内白。内底阴刻一尾鲤鱼，刻纹精细，鳍鳞俱全。鱼的上方有水藻，鱼的下方有起伏的水波纹，构成一幅生动的图画。此器造型美观，制作精细，施釉独特，是北方定窑瓷器中极为少见的珍品。

南宋朝廷为了充实财力，以发展海外贸易为国策，瓷器大量运销外国。南宋出口的瓷器主要是江西景德镇窑、吉州窑和浙江龙泉窑以及福建德化窑、同安窑的产品，如"南宋龙泉窑青釉塑贴双鱼纹洗"，现藏于北京故宫博物院，高6厘米，口径23.5厘米，足13厘米，敞口，折沿，圈足。洗心内塑着两条游鱼，外壁刻凸菊瓣纹一周。口沿两侧各有两个穿孔，相互对应，可穿金属提环。釉色青翠，鱼纹清晰，是南宋龙泉窑的典型作品。

北宋灭亡时，窑工纷纷南迁，带去了北方的新工艺，使南方的青瓷工艺和白瓷工艺水平在原有的基础上有所提高，从而形成了元朝瓷业中心南移的新局面。

（六）元代瓷器

元代制瓷工艺在我国陶瓷史上占有极重要的地位。元代的钧窑、磁州窑、霍窑、龙泉窑、德化窑等主要窑场仍在烧造我国传统瓷器品种。

由于外销瓷增加，元朝瓷器生产规模普遍扩大，不但大型器物增多，而且烧造技术也更加成熟了。

在众多窑场中，景德镇窑在制瓷工艺上有了新的突破。

首先，景德镇窑采用了瓷石加高岭土的二元配方，提高了烧制温度，减少了器物的变形，因而能烧出颇具气势的大型瓷器。

其次，景德镇烧出了青花、釉里红等名贵瓷器，使中国绘画技巧与制瓷工艺的结合更趋成熟，具有强烈中国气派与风格

的釉下彩瓷器发展到一个新的阶段。

　　青花是指用钴料在瓷胎上绘画，然后上透明釉，在高温下一次烧成，呈现蓝色花纹的釉下彩瓷器。青花瓷的优点十分突出：一是青花的着色力强，发色鲜艳，窑内气氛对它影响较小，烧成范围较广，呈色稳定；二是青花为釉下彩，即先绘画，后涂釉，纹饰永远不会褪掉；三是青花的原料是含钴的天然矿物，我国云南、浙

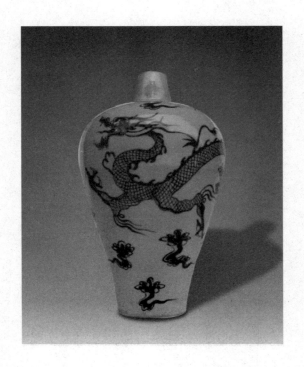

江、江西都有埋藏，还可以从波斯进口，有充裕的原料可供使用；四是青花瓷的白地蓝花明净素雅，具有中国传统水墨画的效果；五是具有实用美观的特点，深受国内外人士的喜爱。青花瓷器的这些优点是其他各类瓷器无法与之相比的，因而一出现便迅速发展起来，使景德镇出现了空前的繁荣。

青花瓷器成为景德镇瓷器生产的标

牌产品，畅销国内外，如"元青花鬼谷子下山图大罐"即青花精品，描绘的是鬼谷子下山的情景：鬼谷子坐在由狮和虎共拉的两轮车上，后面跟着两个骑马的人，其中一个武官打着一面旗，上写"鬼谷"二字。鬼谷子是中国古代著名谋略家，曾教出孙膑、庞涓、苏秦及张仪等高徒。

釉里红是指用铜红料在胎上绘画后，再涂一层透明釉，高温烧成，使釉下呈现红色花纹的瓷器。釉里红和青花同为釉

下彩，只是呈色有红、蓝之分。它们同样是用笔在胎上绘画，差别只是一用铜，一用钴。它们都要在高温下烧成，但对气氛要求不同。釉里红对窑中气氛要求严格，铜非得在还原焰气氛中才能呈现红色；而青花对窑中气氛要求稍宽，窑室气氛的变化对钴呈蓝色的影响不大。因此，青花瓷器的烧制比较容易，而釉里红瓷器烧制很难，如"元景德镇窑釉里红雁衔芦纹匜"，1980年11月于高安市出土，现藏于高安市博物馆，高5.5厘米，口径14.3厘米，底径8.7厘米，撇口，底略内凹，长方槽形短流，流下有一卷云形小系，芒口，砂底。此器腹下部饰有艳丽的釉里红宽带纹，内刻水波纹，底心绘飞雁衔芦纹，巧妙地利用釉里红呈色的变化，十分精美。

元代景德镇窑取得的巨大成就为明、清两朝制瓷业的高度发展奠定了基础，景德镇因此成为全国制瓷中心，荣获"瓷都"之美誉。

（七）明代瓷器

明朝建立后，为了恢复和发展经济，对工商业采取了降低税率等政策，改变了元代对手工业工人采取的工奴制度。这对于当时手工业生产的发展具有很大的促进作用。

明朝初年，社会相对稳定，南北各地出现了一批新的商业中心，城市的繁荣增加了对于工业产品的需求。明朝瓷器不仅

畅销亚洲各国，而且还大量销往欧洲。

当时，外商根据本国的生活需要和民族习俗，在造型、纹饰等方面提出要求，订购他们所需要的瓷器。我国许多窑场适应西方市场的需求，生产专供外销的瓷器。明代瓷器不仅从海路输出，而且还从陆路输出。

16世纪，明代经济中资本主义因素有了进一步的发展，纺织、冶铁、采煤、印刷和瓷器制造业都有一部分进入工场手工业的发展时期。

明朝瓷器生产在这样的社会背景下，很快取得了辉煌的成就。在品种上，明代不仅有青花瓷，还出现了釉上三彩瓷，如"明嘉靖景德镇窑素三彩龙纹绣墩"，现藏于故宫博物院，高34厘米，口径22厘米，底径22.5厘米，鼓形，上下圆面。此墩腹部上下各有凸起鼓钉一周，墩面绘双龙荷花纹。腹部纹饰三层，上下绘回纹各一周，中部绘双龙穿莲花纹。此墩整体纹饰为黄、绿、紫三色，色彩协调，构图生动，是嘉靖素三彩的代表瓷器。

明代的日用瓷器，除宋元时期的大窑场如磁州窑、龙泉窑仍在烧造外，瓷器生产已经遍及河南、山西、甘肃、江西、广东、广西、浙江、福建等省。其中，山西的法华器、德化的白瓷是这一时期的特殊成就。

法华又称珐华，法华器的胎与琉璃器完全一样，釉的配方也和琉璃器大体相同，只是助熔剂有差异：琉璃以铅作助熔剂，而法华所用的助熔剂是牙硝。山西所制的法华器多为小件的花瓶、香炉、动

物之类。景德镇在嘉靖年间也仿制法华器，但它和山西不同：景德镇所烧制的法华器用瓷胎，而山西所烧制的法华器用陶胎，因而烧成温度不一样，如"明景德镇窑法华彩堆贴菊花耳瓶"，现藏于北京故宫博物院，高43厘米，口径10.1厘米，足径15.9厘米，撇口，圆腹，圈足，颈部两侧各堆贴一只菊花形耳，器体浅雕折枝菊花及飞鸟纹，彩釉以蓝为地，交错涂以紫、绿、白、黄等色。此瓶釉色鲜亮，为景德镇仿山西法华之杰作。

德化窑的白瓷在宋代已有生产，但成为全国制瓷业中一种具有代表性的品种，则是在明代开始的。明代德化白瓷有其独特的风格，它不仅与唐宋时期其他地区的白瓷不同，而且与景德镇同时期的白瓷也

不一样。德化窑的白瓷瓷胎致密，透光度好，从外观上看色泽光润明亮，乳白如凝脂，在光照之下釉中隐现粉红或乳白，因此有"猪油白""象牙白"之称。流传到欧洲后，法国人又称它为"鹅绒白""中国白"，如"明晚期德化窑白瓷雕花耳杯"，小巧玲珑，精美如玉。

明代外销瓷的生产主要在福建，广东也有相当大的规模。但是，就整个制瓷业来说，代表明代水平的是全国制瓷业中心江西景德镇。

明代景德镇所产瓷器数量大，品种多，质量高，销路广。聪明的制瓷工人将釉上彩和当时已经比较成熟的釉下彩结合起来，创造了别具一格的斗彩，以成化斗彩为代表的彩瓷是我国制瓷史上的空前杰作，如"明成化景德镇窑斗彩绿龙纹盘"，现藏于天津市艺术博物馆，高4.5厘米，口径20厘米，底径12.3厘米。盘内壁涂以白釉，光洁晶莹。外壁釉下用青花勾勒出双龙戏珠纹，并在釉上轮廓线内填以绿彩，彩色透明，色调淡雅清新，是成化彩瓷中难得之珍品。

明代景德镇的制瓷业在元代的基础上突飞猛进，不仅满足了国内外市场的需求，还担负着宫廷御用瓷器的制作，全国制瓷业中心的地位岿然不动。

（八）清代瓷器

清代前期和中期处于封建制度没落和资本主义因素发展的时期，由于明末农民大起义的冲击，土地实行了再分配。清政府为了长期统治，采取了一些措施，诸如兴修水利、蠲免一些赋税、对部分手工业工人废除匠籍的束缚等。在广大农民和手工业工人的艰辛劳动下，清代前期的瓷业生产在明代的基础上

又向前迈进了一大步。

康熙在位六十一年，国家越来越富强。他从小努力学习汉族文化，并十分喜爱西洋的科学、技术、医学和艺术。他在位期间，用西洋进口的珐琅彩料绘制的瓷胎画珐琅器，对粉彩瓷器的创造有直接的影响，如"清康熙景德镇窑画珐琅菊花方壶"，高9.6厘米，口径6厘米，壶内施浅蓝珐琅，器表颈部为浅蓝地，每一菊瓣内各画一朵小菊花。壶腹为黄地，四面以菊瓣式铜圈围成开光，其内部绘有不同颜色的盛开的菊花各一朵。此壶形制端庄稳重，线条流畅，是康熙时期的首创器型，其后出现的与之相同或相近的造型都是以此为雏形演变而成的。

康熙死后，雍正即位，励精图治。他十分爱好瓷器，而且直接干预瓷器的生产，决定瓷器的造型和装饰，对瓷器的发展起到了推动作用，如"清雍正景德镇窑粉彩山水人物斜方笔筒"，现藏于上海博物馆，高14.2厘米，边长10.2厘米，边宽7.7厘米，呈平行四边体形，底微内凹，侧面有垂直细棱纹，前后两面用仿木纹釉作边框，足以乱真，框内微下凹，一面绘墨彩山水图，一面饰粉彩人物图，形象生动逼真。

雍正死后，乾隆即位，国家更加富强。他对各类瓷器的爱好达到了狂热的程度，下令集中全国最好的能工巧匠到宫中，制造出精美的瓷器珍品。乾隆时期的突出成就是转心瓶的烧制，如"清乾隆粉彩镂空转心瓶"，现藏于北京故宫博物院，高40.2厘米，口径19.2厘米，足径21厘米，瓶口外撇，颈短粗，两侧堆塑象耳，

垂肩，鼓腹，圈足。此瓶内部套着一只直腹小瓶，与外瓶颈部相接，可以转动。小瓶白釉地上饰粉彩，瓶的颈部与肩部各绘12个开光，上下相对。颈部开光中，有楷书"万年""甲子"及篆书天干名；肩部开光内是用篆体书写的地支名。腹部饰黄地缠枝花纹，并镂出四组四季园景开光景窗，透过景窗可以看到套瓶上的婴戏图，图上的童子或骑马，或执旗，或持伞盖，或击鼓，或打灯笼。此瓶象耳、口沿及镂空景窗边缘部位均施金彩。瓶的口、颈都能转动，尤其是颈部和肩部的一部万年历，可以使天干与地支转动相配，有实用价值。

由于欧洲对中国瓷器的需求日益增长，18世纪初叶，英国、法国、荷兰、丹麦和瑞典都先后于广州设立贸易机构，将中国瓷器运到欧洲，大大促进了中国瓷器的外销。欧洲一些城市出现了经销中国瓷器的商号，仅在伦敦就有52家。

康熙、雍正、乾隆三朝社会经济繁荣，中国瓷器的生产也达到了高峰，进入了制瓷业的黄金时代。凡是明代已有的工艺和品种，大多有所提高或创新，如康熙青花色彩鲜艳纯净，别具风格；康熙五彩因发明釉上蓝彩和黑彩，比明代瓷器的色彩更丰富，更明亮。

雍正青釉的烧制达到了历史上最成熟的阶段，黄、蓝、绿、矾红等釉色也有很大提高。明代中期一度衰落的铜红釉和釉里红，在康雍时期都已恢复并获得进一步的发展。同时，瓷工们还创制了许多新的彩釉和品种，如粉彩、釉下三彩、墨彩、乌金釉、天蓝釉、珊瑚红、松绿釉以及采用黄金为着色剂的胭脂红等。

　　乾隆时期发展了很多特种制瓷工艺，仿古、仿其他工艺和仿外国瓷器的制品都极为精致。

　　清代瓷器的产地比较广，而代表整个时代水平的仍是瓷都景德镇。

　　青花瓷器仍是景德镇瓷器生产的主流，但民窑比官窑的烧造技术要高，民窑的釉上彩也比官窑丰富多彩。其他瓷器产地如福建德化窑、广东石湾窑也很活跃。

　　嘉庆前期，基本上仍保留着乾隆朝的遗风。但从整体上看，已远逊于乾隆盛世了。这时，士大夫阶层风行鼻烟，瓷制鼻烟

壶除粉彩外，也有不少青花和白釉的。

道光时期，青花和颜色釉制作已趋衰落。粉彩瓷器的数量虽然很多，但品种、造型已大为减少，产品中以莲花型的盘、碗较为突出，少量慎德堂款的粉彩、霁蓝描金和抹红描金瓷器较为精致。此外，陈国治所制的黄釉仿象牙瓷器也是这一时期的优秀作品。

咸丰朝是在外国资本主义入侵和国内太平天国革命的战争中度过的，官窑瓷器生产的数量和质量更趋低落，但民间日用粉彩瓷器却还有一定的数量。

同治、光绪两朝，整个社会陷于动乱，景德镇瓷窑虽然没有停止生产，但所制瓷器大多是一些宫廷应酬、赏赐之物。民窑所产虽无特殊精致之作，但数量却是巨大的。从19世纪末到20世纪初，民窑烧制了一些比较好的仿古瓷，如"清光绪景德镇窑反瓷贴捏彩绘水洗"，高13.8厘米，口径23厘米，底径18厘米，口沿如唇，鼓形腹，平底足，足心微微下挖一块，大小似纽扣，口阔底宽，给人以平稳的感觉。此器弧圆形的轮廓增添了动势，避免陷入呆板之态。腹内满施乳浊状哥釉，白中泛灰，肥厚润泽，开有不规则的方圆形纹片，妙趣天成。腹外壁以白色反瓷为地，素胎无釉，粘贴着密密麻麻的如高粱米粒大小的圆珠，与腹内的哥釉开片遥相呼应，极为和谐。腹部中间以铁褐色釉绘饰葡萄藤，缠绕一周，每串葡萄旁都有一只小松鼠垂涎窥视。葡萄成串，老鼠多子，寓意多子多孙，家丁兴旺。此器交叉运用捏塑、堆贴、彩绘、划花、反瓷、哥釉等多种装饰技法，各尽其妙。

由于欧洲瓷器的发展和日本瓷器的竞争，特别是鸦片战争以后，我国制瓷业渐趋衰落。

中华人民共和国成立后，瓷都景德镇终于获得新生，中国制瓷业又出现了百花争艳的局面。

四、中国著名瓷器

（一）东晋越窑青瓷点彩鸡首壶

此器现藏于浙江省博物馆。高20.3厘米，口径9厘米，底径12.2厘米。盘口，细颈，斜肩，球腹，平底内凹。肩部有对称的双系：一端饰鸡首，高冠，喙作圆管形，与器身不通；另一端为弧形錾。此器口沿饰有五个褐色点彩，打破了青瓷的单色格调。

中国最早出现的瓷器是青瓷，器表涂一层薄薄的青釉。秦汉两代，政治、经济、文化空前繁荣，瓷器生产出现了新的局面。在长期制陶实践中，对原料的选择、坯泥的淘洗、器物的成型和施釉，直至烧窑等技术都有明显的改进和提高，终于烧成了成熟的青瓷。

浙江越窑青瓷历史最为悠久，东汉时期中国最早的瓷器就是在越窑创烧成功的。

浙江越窑烧成了成熟的青瓷，堪称人类文明史上的一个里程碑。在随后一千多年的历史时期，越窑一直居于瓷器生产的领先地位。

越窑在国内外享有盛誉，我国众多瓷窑和韩国、日本的制瓷业都深受越窑的影响。现在，一些日本学者还把浙江慈溪上林湖奉为青瓷的圣地。

东晋时期，北方人口大量南迁，南方出现了空前的城市繁荣。社会上对瓷器的需求量进一步增加，南方青瓷造型趋向简朴，装饰减少，有些器物只装饰简单的褐色斑点。

西晋的制瓷技术十分精巧，既实用又美观，青瓷扩大到人们日常生活的酒器、餐具和卫生用具等各个方面。

东晋中期以后，越窑青瓷多为日常用具，如盆、钵、盘、碗、壶、烛台、灯、砚等，造型趋向简朴，装饰简练，以实用为主。

（二）唐瓜棱纹黑釉瓷执壶

此壶1984年出土于陕西省铜川市黄堡镇耀州窑遗址，现藏于陕西省考古研究所。此壶高25.5厘米，小口，长颈，短流，壶腹呈瓜棱状，饼足，足底内凹。褐胎黑釉，近足处光素无釉。

耀州窑遗址位于今陕西省铜川一带，始烧于唐代，北宋时期达到鼎盛，曾烧制过贡瓷。耀州窑瓷器的胎质和釉色变化较大,唐时胎骨多呈深灰色,少数为灰、黄或灰黄混杂色,以烧黑釉瓷器为主,有黑釉杯和黑釉执壶等。

这件耀州窑出土的瓜棱纹黑釉瓷执壶是唐代耀州窑的代表之作。青釉含铁量在1%—3%左右,高了会变成黑瓷,低了就烧成白瓷了。

耀州窑的烧造工艺和装饰技法对全国各地的影响较大,除陕西境内大批窑仿烧外,其技艺还传到河南省、广东省和广西省,形成了以陕西窑为首的一个庞大的窑系。

(三)唐花瓷腰鼓

此器长58.9厘米,鼓径22.2厘米。此器广口,纤腰,鼓身凸起七道弦纹。通体涂以花釉,在漆黑匀净的釉

面上涂上蓝白色斑点，犹如黑缎上的彩饰，十分美观。

腰鼓由西域传入中原后，历经两晋、南北朝、隋唐，不仅被收进唐乐，还被瓷工用瓷土烧制鼓腔，别具特色。河南省鲁山窑在唐代烧制大量花釉瓷器，尤以腰鼓最为有名。

此鼓硕大，造型规整，线条柔和，纹饰奔放，通体漆黑明亮的黑釉与变幻多姿的月白色釉构成了一幅绚丽多彩的水墨画，是唐代瓷器的传世珍品。

白瓷的烧制始于南北朝时期的北齐。隋文帝统一中国后，经济、文化有了较大的发展，成功地完成了白瓷的烧制，使中国瓷器由青瓷发展到白瓷阶段，为以后彩瓷的出现创造了物质基础和技术条件。

唐高祖李渊建立了繁荣昌盛的大帝国，瓷器远销国外。当时，邢窑白瓷与越窑青瓷分别代表了南北两大瓷窑系统。邢窑白瓷坚硬精致，洁白如雪。在它的影响下，河南禹县、郏县、鲁山等地区的瓷窑烧制出一种黑瓷地上带乳白色、中间用蓝色针状斑块装饰的花瓷。这一新兴品种为后来钧窑窑变釉的烧制打下了基础。

（四）宋繁昌窑青白瓷注子

此器高20厘米，盖高6厘米，底（外径）8.5厘米，壁厚3毫米左右。胎色纯白，无纹饰，淘炼精细。釉色白中闪青黄色，釉面晶莹光润，并有浅绿积釉。外壁有明显旋削痕迹，器盖内壁及器底旋纹更为明显。平底内凹，器物足内无釉。

繁昌窑在今安徽省繁昌县，始烧于宋代。20世纪50年代，考古工作者在繁昌柯家冲发现青白瓷窑址11处，70年代后期又有新的发现。出土的瓷器瓷胎较薄，釉色光润，大多无纹饰。

安徽等地宋墓出土的青白瓷有的来自景德镇，有的来自繁昌窑。景德镇在宋代以前烧制的是青瓷和白瓷，但在北宋以后，景德镇和繁昌一样走上了创新之路，烧制出一种青白瓷，介于青瓷和白瓷之间，对我国后来瓷器的发展起到了关键性的作用。这件瓷器是繁昌窑的代表作。

（五）宋磁州窑白地黑花小口瓶

此器现藏于故宫博物院。高35厘米，口径5厘米，足径11厘米。小口外撇，短颈，丰肩，鼓腹，平底。颈部饰黑彩，瓶身白地饰黑花纹，纹饰洒脱奔放，给人以自由质朴的美感。白釉黑花纹又称白釉釉下黑彩，是宋代中国北方地区磁州窑系一种有代表性的装饰方法，先在坯胎上涂一层洁白的化妆土，再用毛笔蘸黑彩绘上纹饰，然后涂一层薄而透明的玻璃釉。入窑烧成瓷器后，十分美观。

磁州窑是我国古代北方最大的一个著名的民间瓷窑，在河北省邯郸地区磁县的观台镇与彭城镇一带。磁州窑创烧于北宋中期，并达到鼎盛，于南宋、辽、金、元、明、清各朝一直烧制，历史悠久，具有极强的生命力。

磁州窑瓷器风格独特，在中国瓷器发展史中占有重要的地位。它继承了唐代南北民窑的特点，又融入本地特色，在风格上精细与粗犷兼有，豪放与工致并存，更具民间情趣，别开生面，颇具北方特色，与同时期的五大名窑有很多不同之处。

磁州窑以生产白釉黑彩瓷器著称，黑白对比强烈，图案极其醒目。

磁州窑通过刻、划、剔、填彩，创造性地将中国绘画技法以图案形式巧妙地绘制在瓷器上，具有引人入胜的艺术魅力，开创了我国瓷器绘画装饰的新途径，为宋以后景德镇青花及彩绘瓷器的发展奠定了基础。

（六）宋钧窑月白釉出戟尊

此器现藏于上海博物馆。此器高32.6
厘米，口径26厘米，足径21厘米。此尊造
型仿古代青铜器式样，喇叭形口，扁鼓形
腹，圈足外撇。颈、腹、足的四面均塑有
条形方棱，俗称"出戟"。通体涂月白色
釉，釉内气泡密集，釉面有棕眼。器身边
棱处因高温烧成时釉层熔化垂流，致使
釉层变薄，映现出胎骨的黄褐色。圈足内
壁刻一"三"字。

此尊风格古朴庄重，是宋代
宫廷摆件。

传世钧窑器物的底部多刻有
"一"到"十"不同的数目
字，数字越小，器形越大。

在宋代钧窑瓷器中，以各
式花盆和花盆托最为多见，但出
戟尊较少，目前全世界所见仅十件左
右，如台北故宫博物院藏有"宋钧窑丁

香紫釉出戟尊"。

钧窑分为官钧窑、民钧窑两种。官钧窑是宋徽宗年间继汝窑之后建立的第二座官窑，广泛分布于河南禹县，禹县时称钧州，故名钧窑。钧窑以八卦洞窑和钧台窑最为有名，烧制各种皇家用瓷。钧瓷经两次烧成，第一次素烧，出窑后涂釉再烧。

钧瓷的釉色千变万化，红、蓝、青、白、紫灿若云霞，宋代诗人曾以"夕阳紫翠忽成岚"赞美之，堪称一绝。这是因为钧窑在配料中掺入铜造成的艺术效果，为中国制瓷史上的一大发明，称为"窑变"。因钧瓷釉层厚，在烧制过程中，釉料自然流淌以填补裂纹，出窑后形成有规则的流动线条，类似蚯蚓在泥土中爬行的痕迹，称为"蚯蚓走泥纹"。钧窑瓷器主要供北宋末年"花石纲"之需，以花盆最为出色。

（七）宋定窑白釉刻花直颈瓶

此器高22厘米，口径5.5厘米，足径6.4厘米。平口外折，颈部细长，圆腹，高圈足外撇，腹部刻螭龙穿花纹饰。此瓶造型优美，胎体洁白，螭龙矫健生动，刀工遒劲有力，线条自然清晰，为定窑瓷器中之精品。

定窑是宋代五大名窑之一，在今河北省曲阳县。此地在宋代属定州，故名定窑。定窑创于唐代，以产白瓷著称，兼烧黑釉、酱釉和绿釉瓷器，分别称为"黑定""紫定"和"绿定"。定窑是继邢窑而起的白瓷窑，器型在唐代以碗为主，宋代则以碗、盘、瓶、碟、盒和枕为多，也生产净瓶和海螺等佛前供器。定窑瓷器胎薄而轻，质坚硬，色洁白，不太透明。定窑由上叠压复烧，口沿多不施釉，称为"芒

口"，这是定窑产品的特征之一。

定窑瓷器纹样装饰丰富多彩，深受人们的喜爱。装饰技法以白釉印花、白釉刻花和白釉划花为主，还有白釉剔花和金彩描花。

定窑原为民窑，北宋后期曾一度烧造宫廷用瓷，因此影响较大，其后各地纷纷仿制。

芒口俗称毛边，指盘、碗在入窑烧制前去掉釉的一圈边口所露出的胎骨。这是定窑历史上所形成的一种工艺特征。开始时，定瓷芒口曾引起皇室及社会消费者的非议，但定窑人并未因此而改变历经千辛万苦才获得的工艺成果，而是在芒口上镶金、镶银、镶铜，然后再次投入市场，并重入皇家，终于受到了皇家的珍视，称其为"金装定器"。

芒口生产十分考究，并非随意去掉一圈釉了事，而是内宽外窄，阳宽阴窄。按器皿大小而定，阳面刮去2—4毫米，阴面刮去1—2毫米。芒口同器物上的刀线产生一样，要求自然顺畅。芒口的处理效果反映工匠的工艺水平。

（八）元青花鬼谷子下山图大罐

此器高27.5厘米，直径33厘米。唇口稍厚，肩丰圆，短直颈，素底，宽圈足。此器颈部绘饰波浪纹，肩上则为缠枝牡丹纹；腹部以浓艳的钴蓝描绘鬼谷子下山的情景：鬼谷子乘坐在由一虎一豹拉的双轮车上，行至溪涧板桥边，跟随两个步卒，一少年将军骑马配弓，英气勃发，纵马而行，右手持一写有"鬼谷"二字的旌旗。隔着山石可见一位身着宋代朝服头戴朝冠的文官骑马回首顾盼，左手持笏；罐身近底处绘内含吉祥纹的莲瓣纹。罐腹图画里的故事源自《战国策》，表现的是鬼谷子下山去救弟子孙膑的情景。

青花是瓷器釉下彩装饰手法之一，又名"釉下蓝""釉里青""白釉蓝花"。主要使用青花作为装饰手法的瓷器称青花瓷，也简称青花。烧制前先在瓷坯上用钴料描绘纹饰，再上无色透明釉，然后用1200℃以上高温还原焰烧成。青花瓷是中国瓷器的主流品种之一，是中华文化的一朵奇葩。原始青花瓷于唐宋时期已经出现，成熟的青花瓷出自元代景德镇湖田窑，主要有日用器、供器、镇墓器等。

景德镇坐落在黄山、怀玉山余脉与鄱阳湖平原的过渡地带，是中外著名的瓷都。宋真宗景德元年（1004年）因镇内所烧制的青白瓷质地优良，所以皇帝用自己

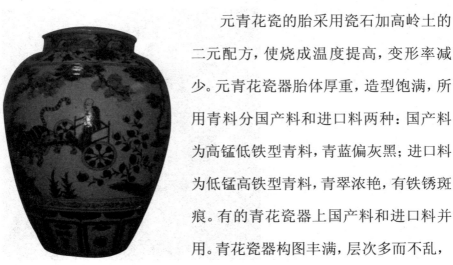

的年号为名，设置了景德镇，沿用至今。景德镇从汉朝开始烧制陶器，距今已近2000年；从东晋开始烧制瓷器，距今已有1600多年了。

元青花是汉族文化、波斯文化、蒙古文化的结晶。因为市场需求有增无减，元青花一再扩大生产，明清两代瓷器都是以青花为主。青花瓷有很多优点：漂亮大方，花色稳定，成品率高，工艺精湛，赏心悦目。元青花出现后，很快形成了一统江山的规模，进一步确立了景德镇的瓷都地位，七百年来岿然不动。

元青花瓷的胎采用瓷石加高岭土的二元配方，使烧成温度提高，变形率减少。元青花瓷器胎体厚重，造型饱满，所用青料分国产料和进口料两种：国产料为高锰低铁型青料，青蓝偏灰黑；进口料为低锰高铁型青料，青翠浓艳，有铁锈斑痕。有的青花瓷器上国产料和进口料并用。青花瓷器构图丰满，层次多而不乱，主题纹饰有植物、动物、人物、诗文等。植物有灵芝、牡丹、莲花、兰花、松、竹、梅、花叶、瓜、果等；动物有龙、凤、麒麟、鸳鸯、鱼等；人物有高士图、历史人物等；诗文比较少。

（九）元青花釉里红镂雕盖罐

1965年出土于河北省保定市元代窖藏，现藏于北京故宫博物院。此器通高41厘米，口径15.5厘米，足径18.5厘米。盖顶有一狮钮，直口，短颈，溜肩，鼓腹，圈足，砂底无釉。胎质细腻，通体绘青花釉里红纹饰。青花色彩浓艳，釉里红略暗。青花、釉里红互为衬托，红、蓝交相辉映，形成一种气度雍容、花团锦簇的艺术效果。

青花釉里红瓷器创烧

于元代。青花的呈色剂是氧化钴，呈色稳定；釉里红的呈色剂是氧化铜，极易挥发，因此对窑室的烧成气氛要求十分严格。元代景德镇工匠创造性地将二者珠联璧合地施于同一器物上，是元代瓷器生产技术进步的重要标志。

釉里红即釉下的红色，先用氧化铜在瓷坯上画彩，然后涂透明釉，在1300℃的还原焰中烧成。铜在高温还原焰中发出了红色，因此叫釉里红 。釉里红的最大特点是烧制难度大，成品率极低。

（十）元龙泉窑青釉褐彩连座梅瓶

此器现藏于中国深圳博物馆。高16.7厘米，口径3.5厘米。此器小口，短颈，丰肩，腹至底渐收，浅圈足。瓶座圆唇平折，束颈上有三个小孔，座身有三个花窗式镂空，座底有四个小足。瓶身与瓶座可以活

动装卸。整体胎厚细密，涂青釉，釉色青中泛黄，釉面有冰裂纹，口沿与瓶身有若干等距离的褐色彩斑作装饰。这件连座梅瓶造型古朴，镂雕精细，釉色与褐彩浑然一体，相得益彰，为元代龙泉窑的精品。

龙泉位于浙江西南部，与江西、福建两省接壤，以出产青瓷著称。这里烧制青瓷的窑址有五百多处，史称龙泉窑。龙泉窑是中国陶瓷史上烧制年代最长、窑址分布最广、产品质量最高、生产规模和外销范围最大的青瓷名窑。

龙泉青瓷传统上分"哥窑"与"弟窑"。宋人章生一、章生二兄弟二人各建一窑，哥哥建的窑称"哥窑"，弟弟建的窑称"弟窑"。哥窑的主要特征是釉面有大大小小不规则的开裂纹片，俗称开片或文武片，细小如鱼子的叫鱼子纹，开片呈弧形的叫蟹爪纹，开片大小相同的叫百圾碎。小纹片的纹理呈金黄色，大纹片的纹理呈铁黑色，故有"金丝铁线"之说。弟窑胎白釉青，釉色以粉青、梅子青为最，豆青次之，青翠的釉色配以橙红底足或露胎图形，能产生一种赏心悦目的视觉效果，被誉为民窑之巨擘。

哥窑瓷与著名的官、汝、定、钧并称宋代五大名窑，特点是胎薄如纸，釉厚如玉，釉面布满纹片，紫口铁足，胎色灰黑。此类产品以造型、釉色及釉面开片取胜，因开片难以人为控制，裂纹乃天工造就，符合自然朴实、古色古香的审美情趣，因而人见人爱。

（十一）明成化斗彩三秋杯

此器现藏于北京故宫博物院。此器状如小碗，薄如蝉翼，洁白细腻。杯上描绘的是秋天的乡居野景，两只蝴蝶在山石

花草中翩翩飞舞。

斗彩瓷器是釉下青花与釉上彩相结合的彩瓷品种，始见于明代宣德年间，在明代成化年间发展成熟。斗彩瓷器先用青花钴料在瓷坯上画出图案纹样的轮廓线，然后涂上透明釉入窑用1200℃—1300℃高温进行第一次烧制，烧成取出后，再在釉上填入彩料，然后再入窑用900℃的低温进行第二次烧制。先用釉下青花为轮廓，再在釉上填以彩色，烧成后便有釉下彩与釉上彩斗美争妍之态势，故称斗彩。

（十二）明嘉靖五彩鱼藻纹盖罐

此器现藏于北京故宫博物院。高33.2厘米，口径19.5厘米，足径24.1厘米。此器直口，短颈，丰肩，硕腹，圈足。通体以红、黄、绿及青花装饰。腹部绘莲池鱼藻纹，八尾红色鲤鱼姿态各异，活泼可爱，以莲荷、水草、浮萍为衬。圈足内施白釉，外底署青花楷书"大明嘉靖年制"双行六字款识。

此罐高大规整，胎体厚重，色彩艳丽，构图疏密有致，是明嘉靖官窑青花五彩瓷器中的珍品。

五彩是有别于斗彩的另一种彩绘瓷器，釉上五彩的彩色纹饰均在釉上，在已经烧成的白釉瓷器上施彩绘画，经700℃—800℃炉火烧制而成，一般以红、黄、绿、紫、蓝五彩描绘。但每件器物根据纹饰设色的要求，不一定五彩皆备，有时只用红、绿、黄三色，也有用五种以上颜色的，只要色彩搭配得当，以精美为准，如"明嘉靖五彩云龙纹方罐"，通体纹饰仅用三种彩，以红、绿彩为主，黄彩作点缀，富有时代特色；又如清康熙五彩瓷器有的一件使用了红、绿、黄、蓝、赭、黑、金等七种色彩。

釉上五彩与斗彩相比有着明显的区别，釉上五彩器没有青花轮廓线及青花纹饰。

（十三）清康熙青花小笔筒

此器高13.8厘米，口径11厘米，足径8.8厘米。撇口，束腰，外撇圈足。底施一道薄白釉，有针眼状缩釉点。青花深浓泛灰。这个笔筒是康熙早期典型式样，笔筒周身绘图：一条苍龙腾空而起，昂首舞爪，张嘴吐舌，龙体扭成弓形，在大海上翻转，有吞吐八荒之势。连天巨浪劈打礁石，更加衬托出龙的凶悍和粗犷。图的背面有一条大鲤鱼跃出海面，口吐烟云。笔筒造型挺拔，画面宏大，错落有致，恰到好处。图中波涛、火焰云、鱼、龙等无不形象逼真，极富立体感，充满了皇家大气，具有很高的艺术欣赏价值。

青花到了康熙年间，工艺更加精湛，

精品迭出。

（十四）清雍正粉彩寿桃纹天球瓶

此器高39厘米。圆口，直颈，圆腹，假圈足。器型坚实敦厚，底色白中微微含青，晶莹滋润。通体装饰粉彩，几枝桃枝向四边伸张，枝上绘有九只寿桃，饱满有力，象征长寿。桃花盛开，蝴蝶飞翔。桃叶施绿彩，正反一浅一深，立体感极强。枝干施黑褐彩，有力地向上方和两边伸去，构成整个画面。用色典雅，虽重色但无突兀感。寿桃是黄色、橘黄、红色逐渐过渡形成的，质感强。绿叶呈开片状，能见蛤蜊光。底足露胎为黑褐色，足底书写青花楷书款"大清雍正年制"。雍正粉彩高雅精致，是清朝粉彩中成就最高的。

粉彩瓷又叫软彩瓷，是以粉彩为主要装饰手法的瓷器品种，是一种釉上彩绘后经低温烧成的彩绘方法。所谓釉上彩，就是在烧好的素器釉面上进行彩绘，再入窑经600℃—900℃烘烤而成。粉彩瓷器是清康熙晚期在五彩瓷的基础上，受珐琅彩瓷器制作工艺的影响而创造出来的一种釉上彩新品种。

粉彩瓷的彩绘方法：先在高温烧成的白瓷上勾画出图案的轮廓，然后用含砷的玻璃白打底，再将颜料施于这层玻璃白之上，用笔轻轻将颜色依深浅浓淡的不同需要洗开，使花瓣和人物衣服有浓淡明暗之感。由于砷的乳浊作用，玻璃白有不透明的感觉，与各种色彩相融合后便产生粉化作用，红彩变成粉红，绿彩变成淡绿，黄彩变成浅黄，其他颜色也都变成不透明的浅色，并可通过控制其加入量的多寡来获得一系列不同深浅浓淡的色调，给人

以粉润柔和之感，故称粉彩。在表现技法上，从平填进展到明暗的洗染；在风格上，其布局和笔法都具有传统中国画的特征。

早在康熙后期，景德镇的粉彩瓷就已经问世；雍正时期，粉彩瓷相当精致；乾隆年间，粉彩瓷达到了很高的艺术水平。

珠山八友留下了很多粉彩画的瓷器珍品，其领袖人物王琦将一般的绘瓷方法应用于绘瓷板人物像，画技极其精深，画风十分新颖，被人称为神技。

20世纪50年代后，粉彩瓷更有长足的发展，许多具有清新、大方、健康特色的新作纷纷问世，琳琅满目，景德镇艺术瓷厂生产的福寿牌粉彩瓷曾荣获国家金奖。

（十五）乾隆珐琅彩御制题诗花石锦鸡图双耳瓶

此器乃清宫旧藏，现存于中国国家博物馆。高16.5厘米，撇口，细颈，垂腹，圈足，造型小巧玲珑，端庄秀丽，颈部有卷草形双耳。此器是传世清代官窑珐琅彩瓷器之极品，为乾隆时期的代表作。由宫中造办处御画匠绘画，乾隆亲自参与设计烧制而成。这是乾隆皇帝特别烧制的赏玩器，上面有他的亲笔题诗"新枝含浅绿，晓萼散轻红"。瓶身腹部绘主题图案《花石锦鸡图》，寓意锦上添花。锦鸡立于树上，以粉红花卉、玲珑洞石相衬；另一面空白处墨彩题诗，与画面相得益彰。引首为朱文"佳丽"印，句尾为白文"翠辅"印，瓶底足内书双方栏"乾隆年制"四字蓝料彩款识。布局匀称，富丽多姿。

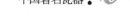

　　琅琅彩瓷器中，花鸟图案的等级最高；花鸟图案中，又以锦鸡和孔雀为极品。因为这两种鸟的羽毛色彩丰富艳丽，不但烧制难度大，而且观赏性也强。同样的珐琅彩瓷瓶在世界上尚未见到，只有台北故宫博物院有一只类似的器物，但图案和形状都稍为逊色。

　　此瓶是景德镇官窑精选出最洁白最细腻之花瓶，送往宫中后，由御画匠加绘珐琅彩饰。瓷胎精亮，花石锦鸡图色彩绚丽，堪称极品。

　　珐琅又称"拂郎""佛郎""发蓝"，是一种玻化物质，以长石、石英为主要原料，加入纯碱、硼砂为助熔剂，加入氧化钛、氧化锑、氟化物等作乳浊剂，加入氧化铜、氧化钴、氧化铁、氧化锰、氧化锑等作着色剂，经过粉碎、混合、煅烧、熔化后, 倾入水中急速冷却, 形成珐琅熔块, 再经细磨而得到珐琅粉。将珐琅粉调和后, 涂在金、银、铜等金属器上, 经焙烧后便成为金属胎珐琅。若以玻璃为胎, 则称为玻璃胎珐琅。若以瓷器为胎, 则称为瓷胎珐琅。

按装饰工艺不同, 金属胎珐琅器可分为掐丝珐琅、錾胎珐琅、画珐琅、透明珐琅等, 也有将上述二种或二种以上工艺结合起来共同装饰一件器物的, 称之为复合珐琅。其中与瓷器有关的珐琅工艺只有一种, 即画珐琅, 一般称之为"珐琅彩", 其正式名称应为"瓷胎画珐琅"。

(十六) 清乾隆朝各色釉彩大瓶

此器高86.4厘米, 口径27.4厘米, 足径33厘米。此器敞口, 束颈, 颈下渐广, 瓜棱腹, 圈足外撇。颈部两侧为贴金彩夔形耳。全瓶从上到下共分16段釉彩。各种

彩釉间以金彩圈线隔开。此瓶从上到下依次运用了色地珐琅彩、松石地粉彩、仿哥釉、金釉（耳饰）、青花、松石釉、窑变釉、斗彩、冬青釉、祭蓝描金、开光绘粉彩、仿官釉、绿釉、珊瑚红釉、仿汝釉、紫金釉等15种施釉方法，集高温、低温色釉和釉下彩、釉上彩于一体，烧造工艺繁复至极，无法复制。口部饰金彩、紫地粉彩、绿地粉彩各一周。颈部饰仿哥釉、青花、松石绿釉各一周。肩部饰窑变釉、斗彩。腹上部饰粉青。腹部饰12个霁蓝地描金开光，里面彩绘吉祥图，其中六幅为花卉、蝙蝠、蟠螭、如意、万字带等组成的寓意"福寿万代"的图案，另六幅为"三阳开泰""丹凤朝阳""太平有象""吉庆有余"以及楼阁山水、博古图等。腹下及足部依次饰哥釉、青花、绿地粉彩、红地描金、仿官釉、霁蓝釉描金等。底部豆绿地篆书"大清乾隆年制"六字款。瓶身纹饰繁复多样，有缠枝花卉、缠枝莲纹、团花、回纹、蕉叶纹、勾菊纹等。

此瓶集历代多种工艺和技术于一器，众多的釉彩配方及烧成温度都不相同，需按釉下、釉上及高温、低温的不同要求，多次反复入窑烧制，工艺极其复杂。如此多样的釉彩、纹饰安排得错落有致，浓淡相间，主从协调，井然有序，实属不易。

此瓶造型雄浑，纹饰繁缛，色彩绚丽，巧夺天工，堪称研究中国古代瓷器的活化石。

此瓶的烧制为集大成之作，标志着中国古代制瓷工艺达到了前所未有的高峰，因而有"中华瓷王"的美誉，也有称其为"瓷母"的。

五、瓷器的吉祥图案

我们的祖先在漫长的岁月中创造了许多寓意吉祥的图案，表现出对美好生活的向往之情。这些吉祥图案符合劳动人民的欣赏习惯，反映了人们健康、善良的愿望和美好的思想感情，在社会上广为流传，为人们所喜闻乐见。因此，这些吉祥图案被广泛地应用于中国古代瓷器上。

这些图案中，最常见的如"二龙戏珠"和"龙凤呈祥"。

　　有的吉祥图案产生于原始社会的图腾崇拜，图腾是最初的吉祥物。中华民族是龙的子孙，因此龙是我国最早的吉祥物。

　　在史前的新石器时代，龙的形象已经出现。不仅起装饰作用，更主要的作用是用龙祈求吉祥和护身，犹如现代人佩戴的护身符。中国人自古就有佩玉的习惯，有的是出自爱好，有的是出自美好的祝愿，反映了人们趋吉避凶的传统心态，表达了人们追求幸福的愿望。

　　图案二龙戏珠，二龙共争一珠，栩栩如生。龙是神圣、高贵、吉祥、权威的象征，前进向上，无所畏惧。人们常用龙寓以太平盛世，天地人间同享安乐之意。

　　龙是四灵之长，居青龙、白虎、朱雀、玄武之首；龙珠被认为是一种宝珠，可避水火。二龙戏珠表示吉祥安泰，人们多用以辟邪免灾，祈求太平吉祥。

　　凤是凤凰的简称，在远古图腾时代

被视为神鸟而加以崇拜。它是原始社会人们想象中的保护神,由鸟的形象逐渐完美演化而来。

凤凰头似锦鸡,身如鸳鸯,有鹦鹉的嘴、大鹏的翅膀、仙鹤的腿、孔雀的尾。凤凰是人们心目中的瑞鸟,居百鸟之首,象征美好与和平。

凤凰与龙、麒麟、龟并称四瑞兽,古人认为只有到了太平盛世才有凤凰飞来。凤凰也是中国皇权的象征,常和龙结合使用,用于象征皇后。龙凤图案称"龙凤呈祥",最具中国特色,民间美术中也有大量的类似造型和图案。凤凰被认为是百鸟中最尊贵者,为鸟中之王,因此有百鸟朝凤之说。传说龙是鳞虫之长,哪里有龙出现,哪里就有凤凰来仪,那里就会天下太平,五谷丰登。

龙是中国最有代表性的吉祥神兽,凤是中国最有代表性的吉祥神鸟,"龙凤呈祥"图案寓意吉祥,象征祥瑞和喜庆。

明代在工艺品制作时，总要装饰各种各样的图，图必有意，意必吉祥，这对瓷器纹饰产生了巨大的影响。

在我们祖先的心目中，世上有很多美好的事物，它们或给人们带来益处，或为人们树立了榜样。人们对它们或有感激之情，或怀崇敬之意，或存敬畏之心，或生憧憬之念……它们或在地上走，如虎和牛；或在天上飞，如鹰和天鹅；或为动物，或为植物，或为书籍。人们在瓷器的图案里再现它们，表现了对生活的热爱。

虎是百兽之王，人们喜欢它，让它走进了瓷器的图案里。

古人多用虎比喻武将，因此武将也被称为虎将。

虎的寿命可达20年，体长近一丈。虎的攻击武器是粗壮的牙齿和可以伸缩的利爪。虎捕食时凶猛、迅速、果断，以消耗最小的能量来获取尽可能大的收获。虎极聪明，在捕食猛兽时，若没有足够的把握是绝对不干的。虎每次食肉量为40斤左右，体形大的每顿可进食70斤。老虎机敏得很，由于脚上生有很厚的肉垫，老虎在行动时声响很小。在雪地上行走时，虎的后脚能准确地踩在前脚的足迹上。虎跳跃能力强，一跃便是一丈多。虎的崇拜源自楚文化中的图腾崇拜。虎一直受到汉民族的崇拜，公认虎是正义、勇猛、威严的象征。汉代人把虎视为百兽之王，认为白虎500年才能变成，是神物，仙人往往乘虎升天。虎是镇宅之兽，一直是劳动人民喜爱的保护神，是人民心目中的英雄。崇虎意识已成为中华民族共同的文化观念。我国古代对虎十分崇拜，特别是在军事上，调兵遣将的兵符就是一只金虎，称为虎符。

瓷器图案上常有小狮与大狮相戏，此类题材古人称为"太师少师"，寓意父子接连担任高官，父亲担任太师，儿子担任少师。"太师少师"祝人学业有成，寓意

吉祥，祝愿美好。

狮子是地球上力量强大的动物之一，外形漂亮，身姿威武，力量无穷，速度如电，赢得了万兽之王的美誉。狮子象征和善、威猛、勇敢和慷慨。

瓷器的图案上常出现三只羊。羊与阳谐音，三羊代表三阳，含"三阳开泰"之意。据《周易》所言，正月为泰卦，三阳生于下，因此三阳象征安泰。祝人幸福安泰，寓意吉祥。

羊为六畜之一，早在母系氏族公社时期，北方草原地区的原始居民就已经开始选择水草丰茂的沿河沿湖地区牧羊了。"羊""祥"通假。西汉大儒董仲舒说："羊，祥也，故吉礼用之。"广州号称羊

城，源于美好的传说：
"周夷王时，五个仙人
骑着口衔六串谷穗的五只羊
降临楚庭(广州古名)，将谷穗
赠给百姓，祝这里永无饥荒。
仙人言毕隐去，羊化为石。"《广
州记》里说："战国时，高固为楚相，
五羊衔谷穗于楚庭，故广州厅室、梁上画
五羊像，又作五谷囊。"广州市越秀山公
园矗立着五羊石雕，成为闻名海内外的城
标雕塑。

总之，羊自古以来，一直是代表吉祥
的。

牛是中国的12生肖之一，是勤奋的
象征，也是财富与力量的象征。古代普遍
用牛拉耕犁，因其力气大，在农耕、交通
甚至军事领域里都广泛地使用牛。战国
时期，齐国大将田单曾使用火牛阵；三国
时期，蜀汉宰相诸葛亮曾用牛运军粮。匈
奴、蒙古等游牧民族除了牧马之外，还要

牧牛，蒙古草原因而盛产蒙古牛。到了现代，股票价格持续上升称为牛市，下跌称为熊市，就是因为牛是象征财富与增值的。牛是人们喜爱的家畜，有的农民甚至将其视为家庭成员，不许食其肉，不许用其皮，让它自然老死，还要举行隆重的葬礼。

南朝梁任昉《述异记》卷下载："东南有桃都山，上有大树……上有天鸡，日初出，照此木，天鸡则鸣，天下鸡皆随之鸣。"

雄鸡也是吉祥之物，《神异经》上提到了雄鸡的几大优点：头上戴着大红的鸡冠，非常文雅；双脚长有锋利的爪子，十分英武；面对敌人毫不畏惧，敢斗敢拼，格外勇敢；看见食物时总是咯咯地叫着招呼同伴一起享用，特别仁义；忠于职守，早起报时从不误事，极其守信。

鹿与禄同音，象征吉祥长寿和升官之

意。传说鹿千年为苍鹿，两千年为玄鹿，因此鹿是长寿仙兽。传说鹿是天上瑶光星散开时生成的瑞兽，出没于仙山之间，常与神仙、仙鹤在一起，保护仙草灵芝，向人类布福，为人类增寿，给万民送来安康，让百业繁荣昌盛。

天鹅羽色洁白，体态优美，叫声动人，行为忠诚。在东方文化和西方文化中，不约而同地把天鹅作为纯洁、忠诚、高贵的象征。它们被认为是天的使者，是神鸟，能给人类带来福音。

羊、牛、鸡、鹿、天鹅等图案都成了瓷器的常见题材。

龟俗称乌龟，是现存最古老的爬行动物。身上长有非常坚固的甲壳，受袭击时龟可以把头、尾及四肢缩回龟壳内。大多数龟均为肉食性动物，以蠕虫、螺、虾及鱼等为食，也吃植物的茎叶。龟通常在陆上及水中生活，也有长时间在海中生活

的海龟。龟是长寿动物，有
的可达300多年，甚至更
多。常见的大型龟体长3尺，
重400斤，可以载人爬行，是人
们喜爱的动物。龟的耐饥饿能
力极强，数月不吃不喝也不致饿
死。一般乌龟两年左右换一次甲壳。
龟的长寿受到人们的喜爱和崇拜，
龟形图案成为瓷器的常见题材，
是长寿的象征。

　　瓷器图案中的老鹰是世界上寿命最
长的鸟类，能活70年。当老鹰活到40岁
时，它的爪子开始老化，无法抓住猎物；
它的喙变得又长又弯，几乎碰到胸膛，严
重地阻碍进食；它的翅膀变得十分沉重，
羽毛长得又浓又厚，飞翔十分吃力。这时，
老鹰只有两种选择：一是等死；二是经
过一个十分痛苦的更新过程，争取新生。
于是，老鹰努力飞到陡峭的悬崖上，在任
何鸟兽都上不去的地方进行150天左右的

除旧更新。首先，它将弯如镰刀的喙向岩石摔去，直到老化的嘴巴连皮带肉掉下来，然后静静地等候新的喙长出来。接着，它用新喙当钳子把脚趾甲一个一个拔下来。等新的趾甲长出来后，再把旧的羽毛都薅下来。5个月后，新羽长出来了。这时，老鹰开始重新飞翔，还能继续活30年。老鹰冒着疼死、饿死的危险重塑自己，与旧我诀别，因此才得以起死回生。老鹰有飞行之王的称号，它飞行的时间之长、速度之快、动作之敏捷，无鸟可及，堪称鸟中之王。人类歌颂老鹰，崇拜老鹰，不分人种，不分民族，概莫能外。

瓷器上常见喜鹊登梅图案，梅与眉同音，寓意"喜上眉梢"。"喜上梅梢"是瓷器中经常选用的题材，寓意吉祥，受到广大群众的喜爱。

"喜报三元"图案中画有报喜的喜鹊和三颗桂圆。桂圆的圆和元同音，报喜的喜鹊和三颗桂圆寓意"喜报三元"。古时乡试头名为解元，会试头名为会元，殿试头名为状元。祝人连中三元，寓意吉祥。

在图案"马上封侯"中，猴子趴在马的臀部，猴与侯同音，寓意马上封侯，祝人驰骋疆场，立功封侯，是对人的吉祥祝福。

高山深谷中草木繁茂，蝙蝠口衔系有绶带的万字在空中翩翩飞舞，白鹤轻轻依偎寿星，仙童手持蟠桃与众仙漫游。蝙蝠寓福，白鹤寓寿，系有绶带的万字寓万代，合起来寓"福寿万代"之意。这样的图案既歌颂了祖国的大好河山，也绘出了老有所依，少有所养的人间仙境。

两条鲶鱼围成阴阳鱼状，首尾相接。鲶与年同音，鱼与余同音，寓意年年有余，表示对年年都有结余的富裕生活的憧憬。这种图案祝福丰年，寓意吉祥。

图案由蝙蝠、古钱构成，因为蝙蝠中

的蝠与福同音，钱与前同音，所以寓意"福在眼前"。这是广大人民喜爱的题材，反映人民追求幸福生活的美好愿望。

团寿字及蝙蝠象征幸福长寿，蝙蝠与"遍福""遍富"音近，有洪福和大富之意。此图案祝人长寿、幸福和富裕，寓意吉祥。

图案"福从天降"，一只蝙蝠从天而降，一名男童举手迎接它。蝠与福同音，寓意福从天降。这是清代常用的吉祥图案，大多出自乾隆朝至同治朝。

佛手是菩萨之手，能赐福众生。一说"佛"与"福"谐音，佛手寓意福到手中。因此，人们都用佛手象征多福。佛手祝人多福，寓意吉祥。

百事如意图案由百合花、柿子和灵芝构成，灵芝代表如意。柿与事同音，加上百合花和如意，寓意百事如意。

相传唐代浙江天台寒岩寺有一名高僧，法号寒山，喜吟诗，好饮酒，与天台山国清寺高僧拾得为好友，相处极为融洽。清雍正十一年（1733年），雍正皇帝敕封寒山为和圣，拾得为合圣，人称和合二圣。二圣蓬头笑面，一持荷花，一捧圆盒。二圣深受百姓喜爱，民间多称其为和合二仙。和合二仙手持的法器，寓意百年好合和连生贵子。其中法盒的盒与百年好合的合同音；荷花即莲花，莲花的莲与连生贵子的连同音。

三多图案中石榴代表多子，蟠桃代表多寿，佛手代表多福，用于祝人多子、多寿、多福，寓意吉祥。

荷即莲花，莲鱼相伴，莲与连同音，鱼与余同音，象征连年有余，是吉祥图案之一。

"连生贵子"图案中有莲花和童子，莲与连同音，再加上童子，用以象征"连生贵子"，寓意吉祥。

我们的祖先十分注重品德修养，认为人生天地间，一定要顶天立地，像松树一样遇寒不凋，像竹子一样有气节，像梅花一样高洁，像莲花一样出淤泥而不染……于是，人们常在瓷器上绘松树、竹子、梅花、莲花等，用以歌颂美好品德和高尚情操。

荷花清纯脱尘，唐代大诗人李白有诗赞道："清水出芙蓉，天然去雕饰。"芙蓉即荷花，又称莲花。宋代大学者周敦颐在《爱莲说》中写道："予独爱莲之出淤泥而不染，濯清涟而不妖，中通外直，不蔓不枝，香远益清，亭亭净植，可远观而不可亵玩焉！"他称赞说："莲，花之君子者也。"　莲花寓意文人出淤泥而不染，不向恶势力低头。

竹子是君子的化身，人们认为竹有七德：一、身形挺直，宁折不弯，是为正直；二、虽有竹节，却不止步，是为上进；三、外直中空，虚怀若谷，是为谦卑；四、有花不开，素面朝天，是为质朴；五、超然独立，顶天立地，是为卓尔；六、虽然卓尔，却喜丛生，是为合群；七、载文传世，弘扬文化，是为奉献。

古人有"宁可食无肉，不可居无竹"之语，竹有节，象征读书人清高而有气节，宁折不屈。竹节还寓意锲而不舍，步步进取，学业有成。

松也是君子的化身，它遇寒不凋，象征永不变节。清朝陆惠心《咏松》五首道出了松的美德：一、瘦石寒梅

共结邻，亭亭不改四时春。须知傲雪凌霜质，不是繁华队里身。二、迎寒冒暑立山冈，四季葱茏傲碧苍。漫道无华争俏丽，长青更胜一时芳。三、风吹雨打永无凋，雪压霜欺不折腰。拔地苍龙诚大器，路人敢笑未凌霄？四、身寄南山不老翁，冰霜历尽志尤雄。欣偕瑞鹤凌空舞，乐伴祥云赏日红。五、遮云蔽日斗天公，伴月陪星入太空。拔俗超凡君子志，疾风骤雨显英雄。

梅象征君子高洁、孤傲的美好情操，诗人常赞美梅饱经风霜折磨仍孤高自傲，是源于高尚的精神。陆游对梅的赞美深入人心："无意苦争春，一任群芳妒。零落成泥碾作尘，只有香如故。"

清代瓷器吉祥图案有仙人、佛像、动物、植物，有的还点缀福、禄、寿、喜等文字。

清代瓷器中吉祥类图案的大量涌现，体现了人们希望借助于瓷器来祝福他人、保佑自身和追求幸福生活的美好心态。

三星是天上的三个老神仙，传说是福星、禄星和寿星，或称福、禄、寿三星，其中福星管祸福，禄星管官运，寿星管生死。这种题材称"三星高照"，象征幸福、富有和长寿。一说福象征五福临门，禄象征高官厚禄，寿象征长命百岁。中国民间常用福、禄、寿三星的形象寓意吉祥。

八宝纹又称八宝吉祥，有法螺、法轮、宝伞、白盖、莲花、宝瓶、金鱼、盘长等，是佛事的法器，又称八吉祥，象征佛光普照，降福人间。

六、瓷器的保养

中国瓷器是人类文化宝库中的璀璨明珠,但大部分瓷器容易损坏。为了更好地保护瓷器,这里介绍一下具体做法。

瓷器储存时要放在定做的盒子里,盒子里要有海绵或泡沫垫。

不可把两件瓷器放在一起,如果非得放在一起,一定要用海绵或泡沫隔开。

陈列瓷器时,要放在固定的木架上,如实木做的博古架,不要用玻璃做的陈列架。

因为瓷器很脆,容易碎,所以要防震、防挤、防压、防碰撞,在展示贵重瓷器时可用透明的尼龙线固定其上部。

小件瓷器必须放入锦盒内收藏,要一盒一器,以防相互摩擦碰撞。

裸放的大件瓷器要放稳,周围不能有易倒的坚硬物体。

原始瓷器胎质差,釉质不匀,某些瓷器釉质发生了结晶作用或沉积作用,釉变成乳白色,会以一种不透明薄膜的形式掩盖色彩与饰纹。清洗这样的瓷器时,可用1%的氢氟酸作局部涂抹,每次涂几分钟,涂后用蒸馏水洗掉酸痕,再用细砂纸细磨,恢复其透明性,露出釉下纹饰。釉面的硬结石灰物质可用5%盐酸或硝酸清除。

清洗瓷器时,要把瓷器放在不易碰撞的地方,最好用塑

料盆，不要用瓷盆和金属盆，避免碰坏瓷器。

清洗瓷器时不要把带彩绘的瓷器直接浸在化学性质的水溶液中，一般的污渍和土锈可以用碱性溶液如84消毒液浸泡，根据污渍的情况确定浓度和时间。

酸碱性质不同的污渍要用不同的液体浸泡，如碱性污渍可用白醋和草酸浸泡，中性污渍用二甲苯浸泡。浸泡后要用温水冲洗，直到除尽污渍。

清洗瓷器时，如有开片、冲口、裂纹时，污渍嵌入很深，可用棉纸蘸淡硝酸或84消毒液贴在裂纹处，即可除掉污渍。

娇嫩的釉彩上不宜使用此法，以免硝酸损伤釉彩。有的瓷器因水浸太久，水锈黏附，不能除掉，可用上述酸性液体浸泡，数日后即可刷掉了。

粉彩瓷器有的因彩色中铅的成分多，泛铅现象严重，可用药棉蘸淡硝酸擦拭，再用净水冲刷。洗刷时，瓷器表面沾到碱性物质后会更滑，一定要谨慎拿放。

瓷器上如有灰尘或污渍时，宜用柔软的布轻轻地擦拭，不可用硬布或他物强力去污，以免划破釉面。

平时保养瓷器时，可用湿布擦拭瓷器，用柔软的画笔清扫瓷器上的灰尘，用柔软的刷子刷瓷器表面的缝隙。低温釉瓷器不可轻易地拿布或刷子擦拭，以免加重釉层的剥落。

瓷器不可浸泡在70℃以上的热水中，这样才不致对外表造成影响。

瓷器不可置于微波炉、烤箱及洗碗机中，如用于饮用，用后要立即清洗。

　　某些溶液对瓷器是有害的，如碱对釉有腐蚀作用，强酸可以改变瓷器表面光泽，使彩绘变色。因此，瓷器必须远离污染，一旦瓷器染上污垢，要用清水洗涤，不要用较强的化学试剂清洗，以免伤及釉面。

　　清洗时使用洗涤剂即可，金银等的图案容易剥落，要用海绵和软布轻柔地清洗。

　　瓷器图案上如果含有银，用漂白剂会变质的。

　　拿瓷器时不要戴手套，以免瓷器从手

中滑落。

　　如果多人鉴赏瓷器，要一个一个地鉴赏。一个人鉴赏完毕，先把瓷器放到桌子上，下一个人再来鉴赏。不要两人手递手地传着瓷器鉴赏，以免失手摔坏瓷器。

　　搬运体积大的瓶、罐时，不能只用一只手提瓷器的颈部，而应一手把住颈部，一手托住它的底部。

　　在搬运有双耳的瓶、罐、尊等瓷器时，不能仅提双耳。

移动大盘、大碗时应用双手捧持，或用一手的拇指和食指握住边缘，用另一只手掌托住底部。

搬运人物瓷雕时，要一手拿住头部，一手托住身子。托运时要当心人物的须发和手指等容易损坏的部分。

薄胎瓷器移动时要双手捧，不可只用单手。

底足小、长度高的瓷器容易倒，要格外小心，要保护好。

带座、带盖的瓶器在搬运时不能连盖带座一起端，要先将座、盖和主体分开，要单拿单放，防止脱落打碎。

瓷器如果不慎损坏了，切勿自己动手修复，要到专业部门请专家修复。

但是，一些小毛病可以自己尝试修复，如炸底、窑裂、冲口等。

炸底是因外力击打引起器底出现了裂纹，呈放射线状，并透过胎体。如果稍有外力，裂纹会加重，以致器物完全损坏。对于这种现象，可用棉花条蘸水固定两端，覆于炸底上，然后用浓硫酸滴到棉条上，再用塑料封底，隔日开封，反复几次后再用环氧树脂黏合剂封闭。

窑裂是烧造过程中出现的裂缝，有的在瓷器腹部，有的在瓷器底部，较人为损伤程度要轻。如不处理，在潮湿条件下会因胎体膨胀和收缩不均而加重裂缝，影响瓷器寿命。修补方法同上，因裂缝在器表，不要涂太多的胶。

冲口指穿透瓷器器壁的细纹，裂纹会自动延长，会继续开裂。修补方法同上，因裂缝在器表，也不要涂太多的胶。